Crush

#journalintime

Prologue

Je rêve souvent d'amour. Malgré ce désir de vivre cette si attachante utopie, je ne suis jamais sûr d'obtenir celle que je cherche.

Bien trop souvent, j'aimerais prendre mes rêves pour une réalité. Cependant, la réalité est très rarement équivalente à mes rêves.

Je vis fréquemment des déceptions et pourtant, je m'accroche si souvent à ce que je ne pourrais jamais avoir.

Je me languis sans retour.

© 2021, Chevalerias, Marine
Edition : Books on Demand,
12/14 rond-Point des Champs-Elysées, 75008 Paris
Impression : BoD - Books on Demand, Norderstedt, Allemagne
ISBN : 9782322155385
Dépôt légal : avril 2021

Chapitre 1

J'ai jamais entendu sa voix. Mais j'ai entendu mon cœur. Des battements chauds et mystérieux. Une chaleur contagieuse, qui s'élance à monter en tension dans l'étendue de mon corps. C'est alors que ma poitrine brûle tout autant que mes joues. Je vais mourir. Je vais mourir d'un sentiment qui me fait fondre. Ma tête est submergée d'émotions que moi-même je ne comprends pas. J'en peux plus. Je veux vivre ça pour toujours, moi !

"Pécho moi." Genre je me suis vraiment dit ça une trentaine de fois. C'est ce que j'aimerai lui dire... mais j'ai oublié mes couilles dans mon ancienne vie.

La meilleure façon serait de lui rouler une pelle, je la prendrai au dépourvu... Mais je ne l'ai jamais vu. Un amour aveuglement palpitant. Sans retour et à jamais. C'est exactement ce que je vis !

Tout au long d'une journée, je vérifie secrètement si elle, spécialement "elle", ne m'a pas envoyé un message. Quelle déception d'en trouver plusieurs sauf le sien. Il ne se passe pas une minute sans que je ne pense à elle.

Je me mord la lèvre à chacun de ses compliments. Ma conscience se roule partout à l'intérieur de moi, tellement elle est excitée ! J'ai tellement envie qu'elle me prenne réellement dans ses bras. J'ai envie d'écouter sa voix, dans le creux de mon oreille. Je veux l'avoir que pour moi.

Oui je suis hyper égoïste comme vous pouvez le voir. Mais... Je déteste l'idée qu'elle parle avec quelqu'un d'autre en priorité. Je voudrais l'enchainer à mon cœur.

Je demande la lune en fait.

Je sais.

Bref.

Je retiens quand même ma jalousie. Ce sentiment qui me détruit. Qui me rend malade en fait. Puis j'ai pas envie de l'effrayer. J'ai pas envie qu'elle me déteste parce que je m'emporte pour rien. Je suis plutôt du genre à dire ce que je pense, ce que je ressens, je suis habituellement très sincère. Néanmoins, afin de ne rien gâcher et de ne pas l'agacer, je fais un effort et je me retiens un peu avec elle.

Voilà.

Ouais situation tragique j'en peux plus.

Quand elle me dit qu'elle danse, je l'imagine tellement, que ça me donne le sourire.

L'effet qu'elle me fait... C'est juste wow. Un wow inexplicable. Un wow qui me rend accro. Je commence à avoir cette addiction de toujours vouloir lui parler. Je me dis elle aussi, un jour peut-être... Elle ressentira la même chose que moi ?

Mais l'espoir fait vivre comme on dit. Malheureusement j'ai trop souvent vécu cet espoir qui n'évoluait jamais vraiment.

...

Chapitre 2

J'ai envie de la bouffer. Elle a supprimé sa photo, mais je l'ai enregistrée dans mon téléphone. J'ai eu raison à ce que je vois.

Allez go lui envoyer un message !

Ça fait deux heures que je dis ça.

Mais j'arrive pas à choisir quoi lui envoyer.

Je me déprime.

Genre vraiment.

Marine bouge toi !

Qu'est ce que je lui dis ?

Je lui raconte ma vie ? Naaan c'est nul.

Je lui demande comment elle va ? Ouais, on va commencer par ça.

Je lui fait des compliments ? C'est bizarre, sortit de nul part... Même si j'ai H24 envie de lui dire qu'elle est belle.

Je lui demande de RP avec moi ! Bonne idée... Mais ce que je veux vraiment, c'est lui parler à elle.

J'aimerais qu'elle me consacre du temps.

... Genre que pour moi.

Une fois de temps en temps !

Une fois par jour quoi.

M D R.

Chapitre 3

"T'es mignonne."

"Viens dans mes bras bby girl."

Ce sont des phrases qui me font craquer.

Elle me dit ça et moi je suis là, à sourire jusqu'aux oreilles. Je commence à avoir chaud et j'en peux déjà plus de ma vie. Je fond dans mes émotions.

Le truc c'est que je suis tellement embarrassée et touchée, que je ne sais pas quoi répondre. Alors j'essaie presque de changer de sujet et je fais mine de rien... "Presque" je répète.

Et quand elle me dit :

"Je vais te dominer."

"Soumet toi à moi."

Ça me fait tellement d'effet... J'ai l'impression, je suis masochiste...

Non mais j'ai juste envie qu'elle prenne soin de moi. J'ai envie d'être à elle, c'est pour ça.

J'ai envie de cette badass girl.

Je me cache un instant avant d'écrire la suite !

...

Me revoilà.

Quand elle m'appelle "bébé", y'a mon cœur qui me lâche.

Je l'appelais "bby", mais elle n'aimait pas. Maintenant je l'appelle "princesse".

Bien que l'envie de l'appeler "bby" est toujours là. Moi je trouve ça trop mim comme surnom !

J'ai envie de me battre avec elle et la dominer. Mais au final, j'ai envie qu'elle, elle me domine elle aussi.

Je me contredis ? Tout à fait.

"Protège-moi." C'est ce message que j'aimerais lui faire passer.

Chapitre 4

Je ne la connais pas depuis longtemps... Clairement pas. Mais je suis passée par tellement d'émotions ! J'ai juste vraiment pas envie d'abandonner.

J'ai l'impression qu'elle me dit qu'elle est là pour me faire plaisir... Elle ne RP plus avec moi tous les jours. Elle me dit qu'elle est occupée... Bien sûr que je la crois. Mais d'un autre côté, elle me dit "oui on RP ce soir", pour au final rien. Donc je ne sais pas trop quoi croire. J'ai l'impression de l'embêter.

En vrai j'ai trop peur. Je panique de fou. Si elle s'est déjà lassée de moi ou un truc comme ça... c'est ce que je ressens. Mais si c'est le cas j'aimerais le savoir. J'ai pas envie de stagner dans ma vie. J'ai besoin de sincérité.

Moi je dis tout ce que je pense... Mais elle ? Est-ce qu'elle dit ce qu'elle pense ? Ou bien seulement ce que j'ai envie d'entendre ? J'ai envie de pleurer.

Chapitre 5

Finalement, il m'arrive souvent de déduire trop vite les faits.

Bonne nouvelle ! Paraît-il que je m'inquiétais pour rien !

Allez je respire et je reprends confiance en moi.

Petit à petit.

Et je reprends confiance en elle aussi.

Enfin... Je verrais bien la suite.

Chapitre 6

Ça vous le fait à vous aussi ? "Lorsqu'elle répond pas, j'ai l'impression que je l'ai soûlé, qu'elle s'en fout de moi maintenant... C'est bon c'est la fin, elle m'aime plus..." Mais en fait, mes émotions ne lui laissent pas forcément une minute avant de ressentir ça. Elles abusent grave.

Puis quand elle me répond, souvent je me dis que je me cassais vraiment la tête pour rien.

Je suis vraiment bête. Le truc, c'est que j'ai beau le savoir... À chaque fois, les mêmes craintes me reviennent.

Chapitre 7

Je l'aime beaucoup. Ça je le sais. Mais est-ce que je l'aime vraiment ? Bah ouais, je l'aime carrément trop en fait ! Mais est-ce que je l'aime comme ça ? C'est genre "La question" à laquelle je n'arrive pas à répondre.

Pourquoi est-ce que je devrais forcément mettre une étiquette à notre relation ?

Mon cœur bat certes. Mes émotions explosent aussi, cela va de s'en dire. Parfois je suis même complètement paumée tellement je suis heureuse de lui parler. Mais... Y'a un "mais" en fait.

Je ne suis pas sûr...

Ce dont je suis sûr, c'est que je ne veux pas lâcher notre relation.

Puis que cette flamme soit une amitié forte ou un amour, si elle n'est pas partagée, c'est quand même très brisant.

J'ai pas envie de la laisser.

J'ai pas envie qu'elle m'oublie, comme ça, du jour au lendemain.

Ça me fait peur.

Lorsqu'une personne devient une priorité dans la vie, une personne à qui on consacre alors beaucoup d'attention, on l'appelle Bae.

Before anyone else.

Chapitre 8

Je suis tellement pas mignonne, je me saoule.

Je n'exprime pas forcément mes sentiments, de peur à agacer l'autre.

Je suis toxique, j'en peux plus. Je me déteste.

Je serai presque une Yandere. Ne laisser personne approcher mon crush !

Je dois faire quoi pour briser ce côté de moi ? Je prend une aiguille et je l'accroche dans un trou noir ? Comme si j'en avais la force.

Je suis le genre d'espionne qui se prend trop la tête.

Je déteste voir des gens ressentir la même chose que moi...

Mais je déteste encore plus me sentir trahi.

Quand je me rends compte que je ne suis pas si spécial à ses yeux, étant donné qu'elle parle de la même façon à d'autres, je soupire d'épuisement.

I hate this feeling.

Laissez tomber....

La seule chose à faire c'est d'aller respirer et oublier. Puis revenir pour la combler de compliments.

Chapitre 9

Je ne suis pas en train de regarder un film à l'eau de rose, en imaginant qu'elle est le mec et moi la fille... Non, ce n'est pas du tout ce que je suis en train de faire.

...

Déjà, je regarde des films à l'eau de rose et j'arrive pas à avoir honte.

Chapitre 10

Quand la jalousie vous hante même dans vos rêves. Effectivement, je viens de défoncer un mec, en détruisant toute preuve de sa déclaration, avant qu'elle n'atteigne les yeux de ma Bae... Non mais il a cru quoi ?

Et je suis fier de moi. Bien que dans ce rêve, je l'étais pas trop.

Tout ça pour me rappeler ma possessivité... Comme si je n'étais pas déjà au courant de qui j'étais.

Chapitre 11

Je ne vais pas pleurer, je vais bien. Voilà, je voulais juste vous le dire.

En fait, j'ai trop mal au ventre. J'ai ressenti ce truc, qui vous dit "tout peut se finir en un instant".

Le pire ? C'est que je suis tellement bête que c'est ma faute en fait.

Faire des trucs sans le vouloir, ça vous arrive ?

Je ne réfléchis pas souvent je crois.

Je devrais.

Genre vraiment, y'a besoin là.

En vrai... La vie, j'ai envie de pleurer, mais je me retiens de fou.

Je me cache sous ma couverture et j'essaie de m'oublier.

Je veux m'effacer de ce monde.

C'est clairement pas la première fois que je fais ça. Agir d'une façon dont je ne me voulais pas. Faisant comprendre une chose complètement différente du message que je voulais faire passer.

Je soupire parce que je me désespère.

Alors que parfois on pense que tout va bien... Rien ne va.

J'analyse mal les choses, c'est ça.

Évidemment, retenir ses larmes, ça ne veut pas dire que votre cœur ne se brise pas.

Et moi, qui était tellement pressée de lui parler...

Toute la nuit j'y ai pensé. À mon réveil aussi.

Tout ce que je ressens c'est du rejet.

Je sais que j'analyse mal les choses, mais mes sentiments s'analysent tout seul, eux.

Puis imaginez si un jour elle lit ce livre... Je vais me sentir trop bête.

Mais si j'écris pas je suis seule.

La meilleure façon pour moi de réfléchir, c'est d'écrire...

Chapitre 12

Je pensais... être importante à ses yeux.

Comme quoi je pouvais souvent me tromper.

Chapitre 13

A quel point j'étouffe, lorsque j'entends le silence. Un vide interminable qui me ronge de l'intérieur.

Savez-vous à quel point je peux souffrir après une simple décision ?

Vous l'avez peut-être déjà vécu.

Moi je le vis actuellement.

J'ai une douleur déplaisante dans le bas de mon ventre, qui a longé ma cage thoracique, pour me faire bouillir d'angoisse.

Une angoisse peut-être insignifiante, mais à ce moment-même, c'est comme la fin du monde.

Peut-être aurais-je dû mettre toutes les cartes sur la table dès le début, mais je n'en avais pas le courage.

Peut-être est-ce la qualité qui me manque ?

Sûrement.

Lorsque vous détenez l'information qu'elle sait un truc sur vous, mais qu'elle ne vient même pas vous en parler ! C'est comme vivre une longue et lente torture.

Un remords, une peur, les deux à la fois. Des émotions qui me consument à vouloir m'enterrer pour ne jamais me dévoiler à l'extérieur. Rester cachée à jamais et ne plus la laisser me trouver.

Épilogue

Essayons d'être réaliste.

Pourquoi s'accrocher à quelque chose que l'on aura peut être jamais ?

Pourquoi s'acharner à se torturer l'esprit ?

Pourquoi persister ?

J'y ai beaucoup pensé.

Stagner, c'est pas mon truc.

Courir pour ne rien obtenir en retour non plus.

Chercher à sourire quelques minutes sur quelques heures, c'est pas suffisant. Surtout si le reste du temps c'est angoisse sur angoisse.

Devenir folle pour un rien, c'est clairement pas ce que je désir.

Stabilité et liberté, c'est ce que je demande.

De l'attention, être le centre des pensées d'une personne, cela aussi m'importe énormément.

Je devrais oublier.

Effacer ce que je ressens.

C'est le mieux à faire.

Pour moi. Pour mon moral.

J'ai pas envie de souffrir alors que je sais que tout cela ne mènera à rien.

J'ai pas envie de foncer dans un mur.

J'aimerais être le mur dans lequel elle fonce.

Mais j'arrête de rêver et je vais arrêter tout ça.

Je le dis, mais il faut que je le fasse.

Comme je le disais, le courage n'est pas là. Même si j'ai bel et bien de la conviction.

Je ne suis pas masochiste. J'ai pas envie de sentir mon cœur pleurer. J'aime pas avoir mal.

J'ai trop subi de déception pour continuer.

Importante ? Pour moi ? Oui.

Comment faire pour tout arrêter ? J'ai trouvé. Je crois.

Je ne vais pas chercher à me rapprocher ou quoi. J'arrêterais les surnoms un temps… Jusqu'à oublier ce que je ressens. Jusqu'à revenir au point de départ.

Je ne vais pas l'oublier, car certe, elle peut toujours être une amie… Je crois que c'est ce qu'elle veut.

Pourtant je mets enfin un point à tout ça, car aujourd'hui je finis tout.

Souffrir n'est plus de la partie. Mon objectif est la consolation. Je vais peut-être me taper dix séries à la suite pour aller mieux, qui sait ? Ou bien lire à en oublier le monde réel ? Ou bien je partage mon temps et je fais les deux ?

En ce moment je n'ai même plus le cœur à écrire. Je n'arrive plus à penser fluide. Je n'arrive plus à me sentir bien en déchaînant les mots.

Ma passion pleure et je ne veux pas la perdre !

Je vais me remettre dans le droit chemin, ne plus penser comme une idiote aveuglement et je vais reprendre ma vie.

Ainsi, j'écrirais le sourire aux lèvres. C'est clairement le meilleur sentiment du monde.

J'abandonne aujourd'hui.

Fin du crush

J'ai beaucoup souffert en écrivant ce livre, mais ça m'a fait avancer !

Vous pouvez m'écrire à l'adresse mail suivante :
ledieudelafanfinction@gmail.com

En espérant que vous aurez passé un bon moment avec cet écrit, je vous dis à une prochaine fois !

Apprenez à connaître l'auteur !

Embrasse ma paume.

Yes I'm a Queen.

Call me Marine.

Je suis la reine d'un royaume de citrons, très, TRÈS CITRONNÉS.

Surnomme-moi "déesse", c'est la moindre des choses. Je suis maîtresse d'un royaume quand même !

Dans ma tête y'a des BLYAOISTUFFORBIDENLOVETC et des HEARTATTACKFANGIRLPLS !

Je m'appelle Marine en fait.

Je l'ai déjà dit ? Ah bon ?

Ouais j'oublie souvent ce que je fais.

... Et ce que je dis.

Mais OKLM je suis encore là !

*Fujoshi is in da place *Diadème**

Je suis une réelle boyslove addict, I can't take this life anymore.

J'aime les pêches et les cerises, donc je vous laisse et je vais aller croquer dedans.